ICONOGRAPHIE

DU

BIENHEUREUX PIERRE FOURIER

DE MATTAINCOURT

PAR

L'ABBÉ J.-F. DEBLAYE,

PRÊTRE DU DIOCÈSE DE SAINT-DIÉ,

MEMBRE CORRESPONDANT DE L'ACADÉMIE STANISLAS DE NANCY, DE LA SOCIÉTÉ
D'ARCHÉOLOGIE LORRAINE, DE LA SOCIÉTÉ D'ARCHÉOLOGIE DE METZ,
DE LA SOCIÉTÉ PHILOMATIQUE DE VERDUN ET DE LA SOCIÉTÉ
D'ÉMULATION DES VOSGES.

NEUFCHATEAU

IMPRIMERIE ET LIBRAIRIE DE KIENNÉ

M DCCC LXXVII

ICONOGRAPHIE

DU

B. P. PIERRE FOURIER

DE

MATTAINCOURT

L'Iconographie du B. P. P. Fourier embrasse l'image populaire qui se met dans le livre de prières, la gravure qui orne l'appartement, la médaille que l'on porte au cou, la statue que l'on installe à l'église sur les autels, et la statuette de la mansarde et du salon. C'est donc une œuvre très-importante sous le rapport artistique et sous le rapport des intérêts matériels qu'elle engage. C'est bien plus encore une œuvre très-considérable au point de vue religieux et quant à la vénération du Saint. L'image à elle seule est une histoire, une prédication, un panégyrique ; il faut qu'elle provoque la vénération du Saint qu'elle représente. Mais pour qu'elle atteigne ce résultat, deux conditions sont nécessaires : 1° la vérité, 2° une certaine perfection de forme. Si l'image n'est qu'une œuvre de fantaisie, le produit de l'imagination d'un peintre, d'un sculpteur ou d'un graveur, elle ne m'émouvera pas, elle ne me gagnera pas le cœur. Il faut donc qu'elle soit aussi vraie que possible, comme une photographie : il faut que sa vérité soit prouvée et reconnue.

Dans mes longues recherches sur l'Iconographie du Bon Père de Mattaincourt, j'ai cru à la possibilité de ce résultat. Présentement je crois à sa réalisation. En éditant un portrait gravé et une statuette qui diffèrent notablement des portraits qui ont eu cours jusqu'à ce jour, j'ai obligation d'exposer comment je suis arrivé à cette conviction que l'Iconographie de P. Fourier s'était depuis longtemps égarée dans une voie fausse ; — comment j'ai procédé pour retrouver le type véritable et quelles sont les preuves de la vérité de ce type.

1.

Tout d'abord je raconterai mes recherches iconographiques.

Je les commençai d'une manière active et suivie en 1859, pour les terminer en 1860. Alors je ne songeais aucunement à faire un nouveau portrait du Bon Père, je ne comprenais même pas la né-cessité de rompre avec la routine pour rechercher le type méconnu et oublié. J'étais seulement pressé par la curiosité de voir et de constater par l'inventaire des reproductions de son image comment et combien le culte du saint curé de Mattaincourt s'était répandu dans nos contrées ; combien le R. P. Jean Bedel avait dit vrai lorsqu'il écrivait en 1645 : « Nous avons son tableau qui le represente fort » naïfvement, mais nous en sommes redevables à l'addresse du » peintre qui eust bien assez de subtilité de le crayonner au travers » d'une vitre un peu cassée ; car à faute de cette heureuse ren-» contre nous n'aurions jamais eu le moyen de le depeindre ny » d'avoir ce riche pourtrait qui court maintenant partout et est re-» cherché par les provinces les plus esloignées. » (BEDEL, *Vie du V. P. P. Fourrier, etc.*, 1re édit. 1645, page 543.)

Mais dans le cours de mes recherches, je fus frappé de la diversité dos types successivement reproduits ; puis je me pris à douter de la bonne direction des œuvres que j'avois vu entreprendre, eu y applau-dissant un des premiers, et finalement j'espérai qu'un jour mes recherches deviendraient utiles en facilitant la comparaison des mo-numents iconographiques de P. Fourier et en fournissant le moyen de revenir à un type primitif sérieusement étudié.

Après avoir consulté les collections de gravures lorraines de la ville de Nancy, où se trouvaient près de 40 portraits du Bon Père, j'ex-plorai les villes de la province, puis beaucoup d'autres qui avaient possédé des établissements de l'une ou de l'autre de ses deux Congré-gations, ou qui possèdent encore des monastères de ses Religieuses : telles que Metz, Luxembourg, Trèves, Molsheim, Strasbourg,

Offenbourg, Rastad, Bar-le-Duc, Saint-Mihiel, Verdun, Châlons,
Reims, Soissons, Etampes, Paris, etc.

Dans ces courses j'avais vu et annoté plus de 300 peintures ; mais
surtout j'avais recueilli environ 150 gravures, dont un grand nombre
très-anciennes et très-rares, sur gélatine, sur vélin, sur soie, plusieurs très-probablement antérieures à la mort du Bon Père et bon
nombre de la dernière partie du XVIIe siècle. Il faut noter que ce
nombre est simplement celui des gravures et lithographies en ma
possession. Mais il en existe à la bibliothèque nationale à Paris, à
la bibliothèque du musée Lorrain à Nancy, dans plusieurs monastères de la Congrégation de Notre-Dame à Paris et ailleurs, que j'ai
vues et annotées et desquelles je ne possède aucun exemplaire : à
toutes ces gravures il faut ajouter celles que je n'ai pas découvertes
et qui ne sont signalées nulle part à ma connaissance, et le nombre
en est probablement encore assez considérable. En Allemagne l'ordre
Saint-Augustin possède de nombreux monastères des deux sexes,
qui célébrèrent la fête de la Béatification de Pierre Fourier avec
une grande splendeur. Ce fut l'occasion de la publication de
portraits gravés avec beaucoup d'art à Ausbourg, à Munich, à
Vienne, etc. (*)

Tout d'abord j'avais destiné ma collection à une sorte de musée
que j'espérais voir s'établir dans la chambre du Bon Père, au presbytère de Mattaincourt ; mais ce projet ayant été repoussé à peu près
comme mes gravures, je jugeai plus sage de conserver celles-ci près
de moi en les réunissant en deux splendides volumes in-folio.

Certes cette collection de portraits gravés, même incomplète, était
déjà un résultat considérable ; elle prouvait surabondamment que
P. Fourier fut non-seulement un très-grand homme, mais aussi et
surtout un très-grand saint ; car les saints obtiennent seuls ce pri-

---

(*) « Non minus diversis in S. Augustini canoniis Germaniæ resplenduit
» canonicorum Præsulum ergá Beatum Potrum religio et pietas.... Hinc
» quam plurimæ, variæque Beati icones ipsorum curis et inpensis. Au-
» gustæ, Monachii, Vienniæ, elegantissimás arte ære incisæ et impressæ.
» *Imago Boni Parochi, Nanceii 1731, pages VI et VII.* »

vilége de gloire terrestre d'être à ce point populaires par la notoriété de leurs vies et par l'immense diffusion de leurs images

Parmi les peintures que j'ai vues et qui sont d'origine lorraine, ce qui est le plus grand nombre, j'avoue que bien peu se recommandent par une véritable valeur artistique. Ce fait a son explication naturelle dans l'histoire de notre province. La mort de Pierre Fourier arriva au commencement de l'époque la plus calamiteuse pour la Lorraine et les provinces voisines. Les arts, qui aiment la paix et ont besoin de l'opulence, avaient alors déserté la Lorraine désolée par tous les fléaux, dépeuplée et tellement appauvrie que souvent les plus riches y manquaient de pain. Cependant pendant cette grande misère qui occupa toute la dernière moitié du XVIIe siècle, les portraits de P. Fourier se multiplièrent dans la même proportion qu'éclataient les miracles sur son tombeau et par son intercession.

Quant aux gravures et lithographies, de 1750 à notre temps, on n'en peut signaler qu'un très-petit nombre ayant une médiocre valeur artistique; beaucoup sont même pitoyables. Finalement la reproduction de l'image du Bon Père était tombée dans le domaine d'un mercantilisme ignorant et cupide, voulant gagner gros en produisant soi-disant à bon marché des images de nulle valeur. Présentement on ne trouve à Mattaincourt d'autre image du Bon Père que la petite gravure de Letaille datant de 1849, et dont la planche, fatiguée par des tirages sans fin, ne donne plus, depuis longtemps, que des épreuves boucuses.

Les pratiques de piété pour le pèlerinage de Mattaincourt, qui ont eu d'assez nombreuses éditions lorraines, sont surtout remarquables par les mauvaises gravures sur bois qui leur servent de frontispice. Ceux qui avaient charge de nourrir et d'exciter la dévotion populaire avaient cessé de s'occuper de ces menus détails, qui cependant ont une assez grande importance. Hélas! le culte des saints s'était refroidi en même temps que le jansénisme et la philosophie avaient étendu leur empire sur les âmes.

De la vue de tous ces portraits il ressort clairement que Pierre Fourier avait une physionomie tellement personnelle et caractérisée qu'on le reconnaît à première vue sans avoir besoin d'ouïr ou de lire son nom, et cela même dans les portaits les plus mauvais et qu'on appellerait très-justement des caricatures, de telle sorte que les artistes même très-peu habiles ont encore saisi et rendu, au moins d'une manière quelconque, les grands linéaments de sa figure.

De cette même étude un autre fait se dégage encore d'une manière très-certaine, c'est que avec cette ressemblance générale et sommaire se présentent des types très-divers, même dans les portraits qui datent des premiers temps, c'est-à-dire qui sont antérieurs à la fin du XVIIe siècle. Cela est tellement vrai que je doute s'il existe une peinture ou une gravure que l'on puisse présenter comme étant de tout point un portrait véritable et parfait, où il n'y ait pas à faire d'assez notables corrections, et qu'on ne puisse contester en lui en opposant d'autres presque de la même date et de valeur égale.

Il existe une série assez nombreuse de gravures s'intitulant : *Vray Pourtraict, — Vera Effigies*. Ces gravures sont des plus anciennes et c'est dans leur nombre que l'on trouve celles qui ont le plus de caractères de vraie ressemblance. Cependant cet intitulé ne prouve pas qu'il faille les accepter pleinement et aveuglément, car elles n'échappent pas à cette confusion de la variété du type. L'appellation de *Vera effigies* prouverait donc seulement qu'elles ont été gravées sur un modèle qui avait la prétention de reproduire le portrait original et d'après nature, dont le R. P. Jean Bedel nous a révélé l'existence. Mais il y en a peu qui soient des copies de première main. On sait que tout copiste, à moins qu'il ne soit très-habile, ne réussit presque jamais à rendre parfaitement son modèle. Le plus souvent, prétendant le corriger, il ne fait qu'y ajouter de nouvelles imperfections, de telle sorte qu'un portrait copié un certain nombre de fois, mais toujours sur la copie la plus récente, finirait par perdre presque toute ressemblance avec le modèle primitif. Il en est des copies comme des traductions, elles sont presque toujours infidèles à l'original.

C'est ainsi, je pense, que la dissemblance est venue parmi nos gravures s'intitulant le *Vray Pourtraict* et que la véritable ressemblance du Bon Père s'est altérée et a pu être méconnue. C'est surtout en étudiant la collection des gravures qu'il devient manifeste

que, dans tous les temps, pour produire un portrait on prenait simplement pour modèle le premier que l'on rencontrait, ou parmi
plusieurs, celui qui flattait davantage les yeux, sans s'inquiéter s'il
était le plus véritable, ni en quoi il avait besoin d'être corrigé ou
complété.

Cette routine aveugle, qui avait si longtemps égaré l'iconographie
de Pierre Fourier, nous en avons vu deux exemples même dans
ces derniers temps.

En 1849, on ne trouvait pas encore de portrait du Bon Père au
pèlerinage de Mattaincourt, et je doute qu'alors, dans toute la loca-
lité, il en existât d'autre qu'un portrait en buste qui se voyait à
l'Eglise ; cependant on désirait faire graver une belle image, princi-
palement pour servir à l'association pour la construction de l'Eglise ;
il me semble aujourd'hui qu'il eût été sage de prendre pour type la
peinture dont je viens de parler ; mais on n'y songea pas et on me
demanda pour modèle une très-belle gravure que je venais d'acquérir
et qui alors était à peu près inconnue en Lorraine ; j'y consentis
avec la conviction que je favorisais une belle et bonne œuvre.

Ma gravure est celle des frères Schmuzer, de Vienne, Autriche ;
elle est très-belle comme œuvre de burin ; mais elle est maniérée et
tourmentée comme beaucoup de gravures allemandes. Quant à la
ressemblance, elle est notablement inférieure à son modèle qui est une
œuvre de Nicole, parue à Nancy en 1732. Le résultat de l'entreprise fut une petite gravure de Letaille, qui valait beaucoup moins
que la gravure des frères Schmuzer, déjà très-inférieure à son modèle
de Nancy. On en trouve un tirage assez bon en tête de la vie du
Bon Père par M. Chapia, édition de 1851 ; depuis elle a été répandue
par centaines de mille.

En 1852, la maison Alcan de Paris, édita pour Mattaincourt,
un portrait in-folio qui fut tout d'abord trouvé très-beau, puis, que
l'on a beaucoup trop méprisé, en le vendant à vil prix. Ce fut l'entreprise du saint abbé George, vicaire de Mattaincourt. Ce portrait
était parfaitement gravé, et venait après de pitoyables lithographies ;
mais comme ressemblance il avait moins de valeur que comme
gravure. Qui sait si cette question avait même été l'objet d'une

préoccupation très-sérieuse. La gravure Alcan n'était que la copie d'une peinture trouvée sur les quais à Paris ; peinture assez bonne, il est vrai, mais provenant on ne sait d'où et certainement postérieure à la béatification, puisque la tête du saint y est entourée d'une gloire radiée. Pour être approuvée et choisie, il lui avait suffi qu'elle représentât un Pierre Fourier faisant meilleur effet que plusieurs autres.

Hélas ! les vraies traditions sur l'iconographie du Bon Père se sont altérées au point que, même à Mattaincourt, on paraît ignorer quel était le véritable costume des Chanoines réguliers de Lorraine. Leur robe, très-ample et fermant par des agrafes, est devenue notre soutane illustrée d'une noble rangée de boutons ; la banderole qui était fixée autour du cou par une simple tresse et tombait de droite à gauche comme une écharpe, est suspendue à une cordelière et retombe de gauche à droite, où s'étale sur la poitrine comme un scapulaire ; pour terminer ce costume nouveau, des boucles d'argent orneront les souliers du Bon Père. Certes, je ne m'étonnerais pas si pour justifier ceci on me répondait : « Mais dans son temps Pierre » Fourier fut chanoine, on dirait que vous n'avez pas lu son his- » toire. » Notons enfin que dans une verrière de l'église de Mattain- court, je ne sais plus laquelle, le Bon Père porte un manteau fourré d'hermine, sans doute que le peintre-verrier, ne sachant ce qu'était l'aumusse des Chanoines réguliers, l'aura prise pour la doublure du manteau royal.

Je signale ces écarts parce qu'ils ne doivent point faire autorité, quand bien même ils s'étaleraient sur la statue de Pierre Fourier mourant, dans le tombeau de l'autel de ses reliques. Certes le lieu est assez autorisé pour qu'on s'imagine que là au moins l'erreur n'aura pu trouver accès et pour que, revenant de pèlerinage, on dise : « Les choses sont telles, puisque j'ai vu le Bon Père ainsi repré- » senté dans l'église de Mattaincourt. »

En septembre 1869, je signalais ces inexactitudes à M. Cham- pigneules, auteur de cette statue, fort belle d'ailleurs. Il me répondit que ma critique ne pouvait l'atteindre, vu que son modèle avait été montré à qui de droit, lorsque la terre, étant encore molle, pouvait recevoir toute forme nouvelle, et qu'il avait été approuvé, à part quelques légères modifications ne concernant point le costume, qui furent exécutées à l'instant.

Ainsi donc mes longues recherches n'avaient encore abouti à aucun résultat pratique : d'une part l'iconographie du Bon Père continuait à marcher au hasard, ou dans les voies de la routine, et de l'autre je n'avais découvert aucune part aucun portrait que l'on pût dire avec certitude être le véritable, ou la copie exacte et incontestable du portrait primitif dont le **P. J. Bedel** nous a révélé l'existence.

II.

Fallait-il renoncer à l'espoir d'obtenir un véritable portrait du Bon Père de Mattaincourt ? Je ne le crus pas, vu que je possédais les moyens de résoudre la difficulté provenant de la variété des types peints ou gravés : 1° un nombre considérable de portraits les plus anciens et les meilleurs, surtout de provenance lorraine; sans doute aucun d'eux ne pouvait être complétement accepté pour être reproduit sans retouche, mais ils devaient être complétés et corrigés les uns par les autres. Je possédais, 2° les documents sur la physionomie de P. Fourier que nous ont laissés ses contemporains et premiers historiens. Ces documents sont tellement complets et circonstanciés qu'à eux seuls ils suffiraient *quasi* pour reconstituer un portrait véritable; mais ils seront un guide sûr pour discerner, parmi les peintures et les gravures, celles qui approchent le plus de la vérité et pour corriger les imperfections et dégénérescences qui les défigurent.

Mais je ne pouvais faire ce discernement par moi-même : il me fallait pour cela un homme tout spécial, très-expérimenté dans le genre et possédant un crayon assez exercé pour que le portrait nouveau qu'il établirait le fût dans des conditions telles qu'il fût désormais regardé comme un prototype.

Un portrait parfait de tout point est une œuvre très-difficile, sa perfection ne consiste pas uniquement dans la traduction sur le marbre, la toile ou le papier des linéaments du visage ou de la forme corporelle ; ceci pourrait être réalisé par un artiste de valeur ordinaire. La difficulté vient de plus haut.

L'homme étant composé de deux substances, il y a en lui deux beautés, ou pour mieux dire une seule beauté émanant de deux sources. La plus haute, la plus difficile à saisir et à rendre, c'est la beauté de l'âme. L'âme échappe à nos yeux dans sa beauté essentielle, mais elle rayonne et éclate à travers le corps qu'elle vivifie, à peu près comme le soleil à travers un pur cristal.

Pour comprendre la puissance de ce rayonnement de l'âme sur le corps, il suffit de considérer que l'âme étant séparée du corps, celui-ci n'est plus qu'un cadavre hideux à voir, même pour ceux qui l'aimaient davantage. Et combien souvent nos yeux ne sont-ils pas attristés de la dégradation du corps sur lequel les vices de l'âme ont imprimé leurs honteux stigmates ? Une belle âme ajoute donc énormément à la beauté du corps ; souvent même l'âme est à elle seule une ravissante beauté ! En lisant les vies des Saints on est frappé de la puissance de leur action sur tous ceux qui les approchent. Le cœur des peuples se donne à eux ; leur regard calme les passions furieuses.

N'y a-t-il pas là une preuve toute manifeste de leur beauté suréminente tout aussi bien que de leur angélique sainteté ? Qu'est la beauté, sinon un rayonnement de la sainteté ?

Pour cette raison la beauté des Saints, même de ceux qui ont possédé un corps infirme, surpassant de beaucoup celle des hommes ordinaires, est donc d'autant plus difficile à reproduire par le burin ou par le ciseau. Faire revivre sur le marbre ou sur la toile toute la beauté d'un homme et surtout toute la beauté d'un saint, est donc une œuvre des plus hautes et dont la réalisation complète n'appartient qu'au génie.

Pour toutes ces causes, voyant que personne ne se souciait d'entreprendre cette œuvre du *véritable portrait* du Bon Père, je résolus de le faire moi-même ; mais ne pouvant m'adresser pour cela qu'à un maître très-expérimenté et hautement reconnu, il me fallut aller à Paris. Nous étions alors en 1869.

Je choisis deux ou trois peintures des plus anciennes, qui me parurent mériter l'attention la plus grande ; c'était avant toutes autres le portrait du Bon Père qui avait appartenu à l'abbaye des chanoinesse nobles de Poussay. J'avais en outre la photographie d'un très-vieux portrait qui depuis a été donné par madame Belfoy de Mirecourt, à la cure de Mattaincourt, et plusieurs autres encore. A ce petit bagage, j'ajoutai l'album de toutes mes gravures et je partis en mai 1869. A Paris je m'adressai à M. Et. David, dessinateur en portraits et connu par les beaux portraits du R. P. Ravignan, du R. P. Félix et par beaucoup d'autres œuvres justement appréciées.

Je lui présentai des documents nombreux et très-sûrs, s'éclairant les uns par les autres. Son choix fut bientôt fait, et il me livra quelques mois plus tard deux magnifiques dessins l'un de Pierre Fourier et l'autre d'Alix Leclerc. J'en confiai la gravure pour l'imagerie à la maison Schulgen, afin d'être bien sûr que l'œuvre de M. David serait parfaitement rendue par le burin.

Quelques-uns ont fait deux reproches à mon portrait du B. P. Fourier : celui d'être trop beau et celui de paraître trop jeune.

Il est vrai que le plus grand nombre des anciens portraits représentaient Pierre Fourier dans sa vieillesse, cela vient de ce que le portrait primitif, mentionné par le R. P. Bedel et qui a servi de type à tous les autres, ne fut exécuté que dans la vieillesse du Saint. Mais rien ne nous obligeait de nous astreindre à cette condition. Quant à conserver la même perfection de ressemblance dans un âge moins avancé, cela ne fait pas une difficulté pour un portraitiste un peu habile. A la vieillesse nous avons donc préféré un âge moins avancé, l'âge mûr, où l'homme conserve toute la perfection de ses membres et de ses formes.

Les portraits anciens sont pour la plupart remarquables par le défaut de grâce ; le Bon Père y est représenté avec une mine austère, quelquefois même repoussante. La tradition populaire qui lui attribue une habitude de tenue plus que négligée, sans apparence de pauvreté ou de mortification, semblerait faire de cette mine trop austère la condition essentielle de la fidélité de son portrait. Cette tradition populaire est simplement une exagération très-erronée. Sans aucun doute Pierre Fourier était grave, austère et très-humble ; mais son austérité était tempérée par sa bonté, bonté si grande qu'elle lui a valu le surnom sous lequel il est généralement connu et qui est le plus beau qui puisse être décerné à un homme.

En outre P. Fourier était très-beau, non-seulement par l'absence de toute difformité, mais encore par la perfection de ses formes corporelles. Le défaut de beauté dans les anciens portraits n'en fait pas le mérite comme perfection de ressemblance ; tout au contraire il constitue leur plus grande défectuosité. En achevant de publier les documents qui nous ont guidé dans cette œuvre et qui n'ont pas encore été rapprochés les uns des autres, ni n'ont servi à déterminer le véritable portrait du Bon Père, je donnerai tout ensemble une réponse sans réplique à cette objection, et la justification victorieuse de la vérité et de la perfection du nouveau portrait dessiné par M. Et. David.

Il est à peu près inutile de dire pourquoi nous avons supprimé les deux petites verrues qui se voient ordinairement sur le front, au-dessus de l'œil droit. Quelques-uns les regardaient comme un signe caractéristique de ressemblance. C'était sans fondement. Ces sortes de signes ne sont aucunement essentiels à la ressemblance, vu qu'ils sont quelquefois le résultat d'un accident et qu'on les fait disparaître quand on le veut, et sans qu'il en reste de trace.

III.

Le premier document descriptif de la physionomie de P. Fourier nous est fourni par le R. P. Jean Bedel. Il aurait commencé à connaître son cher maître au mois de Juin 1625, lorsque celui-ci avait environ 60 ans ; en outre il publiait ceci en 1645, c'est-à-dire lorsque les contemporains vivaient encore :

« Il est soigneusement sur ses gardes et fait tout son possible pour
» eschaper ce passage sans estre volé, ce qui luy est d'autant plus
» difficile qu'il porte publiquement la beauté de son corps qui pourrait
» servir d'appas aux ennemis de son bien et faire naistre dans leur

» cœur le désir de sa perte. Ce n'est pas une règle infaillible ny un
» argument d'une conséquence nécessaire qu'une belle âme soit
» tousjours logée dans un beau corps ; l'espée de Goliath, qui n'avait
» sa pareille au jugement de David, estoit négligemment enveloppée
» dans un linge au Tabernacle de Silo, et on peut voir une dague de
» plomb dans un fourreau tout brillant de pierreries ; mais icy les
» deux se rencontrent parfaitement bien, une âme innocente mariée
» avec un corps tellement accompli, que cette fleur luy fut gardée
» jusqu'à son extrême vieillesse, le temps qui ronge tout, n'ayant
» point eu de prise sur elle. Il estoit beau comme un petit ange,
» comme nous disent ceux qui l'ont cogneu dans son bas aage. En
» effet, si la délicatesse de couleur jointe à la symmetrie et à la
» proportion des parties du corps compose cette qualité, on ne la luy
» peut desnier, car il estoit d'une taille richement haute et puissante
» à proportion, le nez un peu aquilin, les yeux bien taillés et son
» visage également parsemé de lys et de roses qui estoient comme
» l'écorce de son tempérament sanguin qui est ordinairement cause
» de la beauté. » (*Vie du R. P. P. Fourier*, 1re édit. page 13, et
2e édit. 1656, page 21.)

Voici au rapport du même historien, l'impression que la vue de la
personne de Pierre Fourier avait produite sur le fondateur de l'Oratoire
dans un voyage qu'il avait fait à Nancy. Ce document est moins dé-
taillé que le précédent, mais il prouve suffisamment que l'aspect de
notre Saint n'avait rien de l'air farouche ou égaré que nous expriment
plusieurs de ses anciens portraits :

« L'éminentissime cardinal de Berulle, qui a passé sur le théâtre
» de cette vie comme un personnage très-judicieux et bien entendu
» aux sciences spirituelles, l'ayant veu et conversé à Nancy, estant
» de retour à Paris, dit aux siens, que si d'une seule œillade, ils
» voulaient envisager toutes les vertus, il fallait aller en Lorraine, et
» qu'ils les trouveraient unies en la personne du Père de Mattain-
» court. » (BEDEL, 1re édit. 341, et 2e 435.)

Au printemps de l'année 1626, sainte Chantal vint à Pont-à-Mousson
pour la fondation d'un monastère de son ordre, et y fit un séjour
d'environ quatre mois. Pierre Fourier s'y trouvait aussi, travaillant

au premier établissement du séminaire des Chanoines Réguliers. Ces deux grandes âmes se virent alors plus d'une fois et s'excitèrent vivement l'une l'autre à avancer dans la perfection. Ecoutons M. l'abbé Bougaud, historien de sainte Chantal, nous raconter leurs entrevues et nous apprendre quelle impression la vue de Pierre Fourier produisit sur la fondatrice de la Visitation.

» Une consolation de grand prix attendait à Pont-à-Mousson la
» vénérable Mère de Chantal. Elle y fit connaissance d'un saint
» Prêtre, qui mêlé aux plus importantes affaires de son temps,
» conseiller des rois, fondateur d'un ordre religieux, réformateur
» d'un autre, aurait pu s'élever aux plus grands honneurs; mais
» qui, dévoré de la soif des humiliations, vivait caché au presbytère
» d'un pauvre village, détaché de tout, mortifié, plus misérable que
» le plus misérable de sa paroisse, et portant, comme il arrive
» toujours, sur sa figure desséchée par la pénitence, une beauté
» divine dont le souvenir est encore vivant en Lorraine. Sainte Chantal
» en fut frappée : Voyez-vous, disait-elle, il suffirait d'avoir envisagé
» le Bon Père Fourier pour avoir de lui l'idée d'un saint, quand
» même on ne le connaîtrait pas pour tel. » (*Vie de sainte Chantal*,
4ᵉ édit. II, page 193.)

Les témoignages qui vont suivre n'émanent plus de contemporains de P. Fourier, mais il n'en ont pas moins une très-grande importance. Le premier est du P. Piart, né à Saint-Mihiel le 11 octobre 1672, profès du 30 octobre 1689, et décédé abbé de Domèvre le 1ᵉʳ janvier 1746. Il fut un des membres les plus importants et les plus considérés de la congrégation de Notre-Sauveur. Envoyé à Rome comme postulateur de la cause de Béatification, il y consacra vingt années de sa vie, ayant entre les mains les documents les plus précieux à l'aide desquels il composa la vie manuscrite du Bienheureux dont l'original, en partie autographe, est à la bibliothèque de Nancy. La précision des termes de son témoignage est la preuve qu'il n'écrivait rien qu'en pleine connaissance de cause.

« P. Fourier était de taille au-dessus de la médiocre, il avait le
« visage un peu long, le front fort haut et large, les yeux bruns,
» assez gros, que la modestie avait habitués à se tenir presque

» toujours baissés, et lorsqu'elle lui permettait de les lever, c'était
» avec une douceur et une gravité qui lui attiraient tout ensemble
» le respect et l'amour de tout le monde. Il avait le nez plutôt grand
» que petit, un tant soit peu aquilin et proportionné à tout le
» visage, dont le coloris, jusqu'à ce qu'il commença à vieillir, fut
» un peu rouge; mais dans la suite tant d'austérité et de travaux
» lui changeant son tempérament que la nature lui avait donné
» assez robuste, il devint maigre et pâle, reprenant néanmoins de la
» rougeur lorsqu'il s'acquittait de quelques fonctions de son mini-
» stère, car pour lors son zèle lui changeait le visage jusqu'à le
» faire paraître quelquefois tout enflammé; ses cheveux étaient de
» la couleur des yeux, toujours coupés fort courts. Sa barbe, au
» contraire, était épaisse et fort longue, suivant la coutume des
» ecclésiastiques et des religieux les plus modestes de son temps.
» Son tempéramment était plutôt de feu que humide; mais il s'était
» tellement appliqué dès sa jeunesse à dompter ses passions, il les
» avait si exactement assujetties à la raison et enfin il avait acquis
» sur elles un empire si absolu qu'il était difficile de remarquer
» quelle humeur dominait en lui... Cette même vertu le rendait
» extrêmement poli et aimable dans toutes ses manières... A sa
» mort il était d'une maigreur extrême et telle qu'il ne lui restait
» plus, comme on dit, que la peau et les os. » *(Vie du B. P. Fourier,*
Livre V.)

Le R. P. Claude-François d'Hangest est quelque peu postérieur
au P. Picart: originaire de Strasbourg, il fit profession le 3 décembre
1725 et mourut abbé de Domèvre en 1781. Lui non plus n'avait
vu le Bon Père, mais il consacra la majeure partie de sa vie à faire
le recueil de ses lettres, à composer son histoire générale et à
réunir des documents de tous genres pour l'histoire de notre Saint et
de ses deux congrégations. Voici ce qu'il écrivait avant 1754, au
sujet de la question qui nous occupe.

» Il avait toutes les belles qualités de corps et d'esprit qu'on peut
» souhaiter. Il était de grande taille et bien fait de sa personne, il
» avait le front fort élevé, la chevelure noire, les yeux bien taillés,
» le nez un peu aquilin, et tout le reste du visage fort gracieux.

» Son naturel était assez doux , et quoiqu'on remarque dans la suite
» de sa vie quelques traits d'une grande sévérité **,** on doit plutôt les
» attribuer à l'ardeur de son zèle qui l'obligeait de se faire craindre,
» qu'à la disposition de son cœur qui était véritablement tendre,
» affectueux et bienfaisant. Son tempérament assez vif et de lui-
» même porté à la joie, était en lui presque continuellement gêné
» et comme resserré dans des bornes quelquefois trop étroites par la
» timidité qui dominait en lui. C'est pour cela qu'il était presque
» toujours dans une grande réserve, et qu'à l'exception des per-
» sonnes qui lui étaient familières, il montrait à toutes les autres un
» visage grave et sérieux qui imprimait beaucoup, ou un air humble
» et respectueux qui prévenait beaucoup en sa faveur. Je ne dis rien
» des qualités de son esprit parce que les progrès que nous lui
» allons voir faire dans le progrès de ses études, nous marquent
» assez qu'il l'avait pénétrant, solide et très-propre aux sciences. »
(Hist. générale, Iʳᵉ *partie,* Liv. I, Nº IX).

Voici le dernier renseignement que je dois enregistrer ; je l'em-
prunte au procès-verbal inventaire des ossements du Bienheureux,
dressé à Mattaincourt, le 30 août 1732, par ordre et en présence
de Mgr Begon, évêque de Toul, et de nombreux témoins, par
MM. Charles-François Nacquard et Hilaire Mengin, docteurs
médecins de son Altesse Royale, demeurant à Mirecourt. Ce renseignement est très-court, mais il est d'une grande importance pour
déterminer le vrai portrait du Bon Père :

» Le chef s'est trouvé dans son entier, de figure oblongue, un
» peu applati sur les côtés, bien élevé au devant et à l'occiput ;
» dans la machoire supérieure il s'est trouvé douze dents de suite
» bien rangées, savoir : quatre incisoires, deux canines et six
» molaires : dans l'inférieure aussi dans son entier, détachée du
» chef. »

Tels sont les documents qui m'ont guidé dans l'entreprise d'un
nouveau et plus fidèle portrait du Bon Père de Mattaincourt ; ils sont
nombreux, très-précis et très-sûrs. Cette tâche paraissait d'abord
très-difficile et hasardeuse ; grâces en soient rendues au bon Dieu !
Toutes les difficultés se sont aplanies. Il serait presqu'impossible de

procéder avec plus de sûreté à moins de pouvoir dessiner d'après nature.

Aussi c'est avec confiance que je présente à la Lorraine, aux Religieuses du Bon Père et à tous les enfants de Saint Augustin ce nouveau portrait, résultat pratique de mes longues recherches.

La gravure du Bon Père a pour pendant le portrait de la R. M. Alix Leclerc, première religieuse de la congrégation de Notre-Dame ; celui-ci a été pareillement dessiné par M. Et. David, d'après les mêmes documents et gravé par la maison A. Schulgen de Paris. Ces deux belles gravures vont être livrées au commerce de l'imagerie.

Il reste à reproduire le portrait du B. P. Fourier par la gravure ou la lithographie dans un format plus grand, propre à être encadré. Le format grand in-4° me paraît préférable à tout autre parce qu'il est plus facile à encadrer et pourra être livré à moindre prix. J'espère que bientôt il sera réalisé.

Il n'existait ni statue ni statuette passable du Bon Père de Mattaincourt. Toutes celles que j'ai vues et qui datent de la dernière partie du XVIIIe siècle sont à peine passables. Diverses tentatives faites depuis trente ans n'ont pas eu plus de succès. J'ai donc fait dessiner par M. Et. David une statuette du Bon Père reproduisant le type de notre gravure. Il est en costume de chœur de Chanoine Régulier, c'est-à-dire revêtu du surplis et portant l'aumusse sur le bras gauche. Dans la main gauche il tient le livre des constitutions, et dans la droite une croix appuyée sur la poitrine et couverte d'un lys ; c'est l'emblème qui lui fut attribué dans sa Béatification pour désigner ses deux grandes vertus, la pénitence et la pureté. Par ce moyen j'ai évité le danger de cassure des mains et des doigts. Sur la toile sont les armoiries des Fourier. La statuette mesure 0, 37. Cette statuette, modelée et moulée avec beaucoup de soin, a été confiée à la maison M. Pierson de Vaucouleurs ; elle est en plastique et en terre cuite fine. Nous verrons plus tard s'il y a possibilité de la reproduire en bronze ou imitation de bronze. Prochainement on travaillera à une réduction de cette statuette.

Elle va aussi servir de type à une statue qui sera exécutée en plusieurs grandeurs. M. Pierson préparera cette statue avec un soin extrême. La perfection de ses statues religieuses et de ses chemins de croix nous donne l'assurance que ce sujet sera parfaitement traité. Ne voulant rien négliger pour atteindre ce résultat, je prie instamment ceux à qui la vue de notre statuette suggérerait des critiques et des observations sérieuses, de nous les adresser avec confiance, leur promettant qu'il en sera tenu compte.

Un cul-de-lampe spécial aux armes des Fourier sera prochainement exécuté pour la statuette.

Si on nous en exprime le désir nous ferons exécuter la statuette d'Alix Leclerc de la même grandeur que celle du Bon Père et aussi d'après le dessin de M. Et. David.

Deux nouvelles médailles du Bon Père ont été frappées il y a peu d'années par M. Penin de Lyon. La petite, qui est circulaire, m'a paru bonne, ayant plus de relief que toutes celles que l'on rencontre au pèlerinage de Mattaincourt. Il est à désirer qu'elle puisse être amenée de Gray à Mattaincourt, ou qu'il en soit frappé quelqu'autre mieux étudiée et plus soignée.

Coussey, 27 Juin 1877.

NEUFCHATEAU. — IMP KIENNÉ.

www.ingramcontent.com/pod-product-compliance
Ingram Content Group UK Ltd.
Pitfield, Milton Keynes, MK11 3LW, UK
UKHW021050120726
13693UKWH00006B/2547